云冈石窟

[日]新海竹太郎　中川忠顺

编著

[日]山本明

摄

赵省伟

主编

黄忆

译

北京日报出版社

图书在版编目（CIP）数据

云冈石窟 / (日) 新海竹太郎, (日) 中川忠顺著；
赵省伟主编；(日) 山本明摄；黄忆译. -- 北京：北
京日报出版社,2025.1. -- (东洋镜). -- ISBN 978
-7-5477-5051-3

Ⅰ. K879.222

中国国家版本馆CIP数据核字第20249GA457号

出版发行：北京日报出版社
地　　址：北京市东城区东单三条8-16号东方广场东配楼四层
邮　　编：100005
电　　话：发行部：(010) 65255876
　　　　　总编室：(010) 65252135
责任编辑：卢丹丹
特约编辑：樊鹏娜　熊丹雯
印　　刷：三河市九洲财鑫印刷有限公司
经　　销：各地新华书店
版　　次：2025年1月第1版
　　　　　2025年1月第1次印刷
开　　本：787毫米×1092毫米　　1/16
印　　张：14
字　　数：150千字
印　　数：1—2000
定　　价：158.00元

出版说明

  1916年，山本明带领团队前往云冈石窟和龙门石窟考察，本着科学、严谨的态度，按照石窟编号，逐一、全面地进行拍摄记录。新海竹太郎与中川忠顺对其摄影作品进行编选并出版了此书。本书首版于1921年，为山本明等在云冈石窟考察摄影的精华之一，是继法国汉学家沙畹、日本学者伊东忠太等之后又一关于云冈石窟的珍贵海外史料。

  一、本书共收录图片200张，内容涵盖云冈石窟石佛古寺及30大洞窟外观景况与内部细节，为方便阅读，对图片进行了重新编号。

  二、由于原书中的洞窟编号同现行洞窟编号有一定出入，本次出版根据如今通用方式对书中提及的窟号进行了对应调整。

  三、由于年代已久，书中部分照片褪色，为更好地呈现出照片内容，对图片进行了统一处理。

  四、由于能力有限，书中个别地名无法查出，便采用音译的方式并注明原文。

  五、由于原作者所处立场、思考方式与观察角度不同，书中有些观点和我们的认知有一定出入，为保持原书的整体性，未做删改，但这不代表我们同意其观点，相信读者能够理性鉴别。

  六、由于资料繁多，统筹出版过程中不免出现疏漏、错讹，恳请广大读者批评指正。

  七、书名"东洋镜"由杨葵老师题写。

编者

序

中国山西大同县以西,有一偏僻荒村名云冈,从京绥铁路大同府车站乘三个半小时马车即可到达。村北武州山如屏障般高高耸立,崖壁一面上刻凿着的便是著名的云冈石窟。其窟大小不一,最小者不过在窟壁上刻着几尊佛像,可于外直接礼拜;大者有窟口及明窗,内有近穹隆形的洞室,或是单独一室或是内外室相连。完好的双室石窟留存数量不多,以所谓"五大窟"(昙曜五窟)保存最为完好。虽说洞窟大小与洞室数量不见得直接相关,但双室的洞窟自是可称高大。如石佛寺背后的第6窟,高度同其前部四层建筑等高,傲立于各窟之间。

洞窟中用于礼拜的主像虽也有自窟壁上直接雕凿而出者,但总体来说,还是以在窟中央留下的石柱或石壁上雕刻的为多。第5窟主像最大,其他窟中也有不低于30尺[①]高者。前文提及的第6窟,中心石柱四面各分上下两段,各刻有主像及胁侍等,规模最是庞大。单室多以一尊主像或两层至多层窣堵波为中心,周围刻诸尊。大体而言,窟内自石壁至天花,刻满佛像、胁侍及装饰物,不留寸隙,窟口与明窗自不待言,外室也不例外。走入窟内,石刻如大曼荼罗般在眼前展开,洞窟瞬间成了云集数万佛尊的庄严佛刹。

我们可以说,印度石窟寺的形制东渐之时,逐步丧失殿堂式外观,缩减为这种洞窟式佛龛,但此处也带有中国特点。云冈的佛像样式上可同时窥见印度风格与汉人风格。这里毕竟不缺中国艺术的风范,技巧生动泼辣,佛像大小皆宜,动静相对,满盈着雄丽壮美的趣致。

各石窟凿刻时间不同,根据文献记载及第11窟壁上所刻"太和七年"字样可知,云冈石窟主要雕刻于五世纪末的北魏时期,唯有第3窟中三尊佛像明显有唐代装饰,时代有所不同。

今年(1921)5月中旬,我们探访了这一东亚古代佛教艺术的代表性遗址,一睹其高超工艺。同行者有住在北京的山本照相馆老板山本明及该馆技师岸正胜。这二位曾游历过云冈,以此为鉴,他们做了照相所需的一切准备工作,再次踏上征途。探访洞窟时,他们帮我们拍下了一些用于参考的重要场景,本如过眼云烟的旅程,因此留下了极好的纪念品。这些照片加上他们第一次去时所拍摄的照片总共得253张,可略窥云冈石窟主要部分的面貌。当山本明说想公开发行珂罗版相册时,我们欣然赞同,并帮忙负责了图片的挑选工作,取舍权衡之后,留下200张相片,构成本书。

---

①日本的一尺约为30.3厘米。——译者注

已经荒废的洞窟，不论大小，皆省略细节，只录概貌。未荒废的大窟则尽量收入不同内容，将其内部样貌展示清楚，最后书中收录大窟30个，也是云冈必看的主要洞窟。小窟则只选择了值得关注的一些。大窟之中，石佛寺后和相邻诸窟内的佛像，基本留有后世包泥彩塑的痕迹，令人嫌恶；难见原貌者予以省略，与原貌仿佛者则尽量收录。

区区200张照片自然难以穷尽如此多洞窟与无数雕像的全貌。本书图片数量是法国人沙畹[1]的著作《北中国考古图录》(*Mission Archéologique dans la Chine Septentrionale*)中的近三倍，但沙畹拍摄之时，云冈石窟还未经修缮，所摄皆为其原本样貌，石窟的侵蚀程度也轻上许多，研究洞窟应将两书对照阅读。云冈石窟石质易剥落，历经岁月，衰颓日渐加速，加上不断受着不良修缮的威胁，即使是同样的景象，更早拍摄的效果也显然更好。本书在种种不备之下刊行，其意也正在于此。

在中国期间，我们曾计划中日携手设石窟保护会阻止洞窟衰败及不良修理，也是想尽早举措，使这一珍贵的东方艺术精华永远存世。

最后，要感谢山本明等再次远入偏僻之地，不辞劳苦，用心尽力拍摄的石窟照片。还要向为本书提供的第11窟东壁铭文精拓的山西保晋矿务公司技师梁上椿表达我们的敬意。

新海竹太郎
中川忠顺
1921年9月

---

[1]埃玛纽埃尔-爱德华·沙畹(Emmanuel-èdouard Chavannes, 1865—1918)，中国学大师、欧洲汉学泰斗，著有《西突厥史料》《两汉时代之石画像》等。——译者注

目录

第三章 第6窟—第10窟 59

第四章 第11窟—第15窟 119

第一章

云冈石窟概览

图1.云冈石窟全景

图2.云冈村概貌（西南视角）

图3.第1窟（石鼓洞）以西各窟

图4.第1窟、第2窟（寒泉洞）远景

图5.第1窟、第2窟外景

图6.第3窟（灵岩寺洞）、第4窟

图7.第4窟及其周边

图8.云冈石窟石佛古寺（其一）

图9.石佛古寺（其二）

图10.石佛古寺（其三）

图11.第5窟—第13窟概貌

图12.第9窟 — 第13窟

图13.第13窟西边的小龛

图14.第14窟及其周边

图15.第17窟 — 第20窟概貌

图16.第19窟及西部窟群概览（其一）

图17.第19窟及西部窟群概览（其二）

图18.第27窟以西各窟全景（其一）

图19.第27窟以西各窟全景（其二）

图20.西部窟群概貌（其一）

图21.西部窟群概貌（其二）

图22.西部窟群概貌（其三）

第二章

第1窟 — 第5窟

图23.第1窟窟门弧拱

图24.第1窟弧拱细部

图25.第1窟内塔柱

图26.第1窟南壁东侧

图27.第1窟南壁西侧

图28.第1窟东壁

图29.第1窟东壁释迦传（其一）

图30.第1窟东壁释迦传（其二）

图31.第1窟西壁

图32.第1窟西壁细部

图33.第2窟内塔柱

图34.第2窟东壁

图35.第2窟东壁细部

图36.第2窟东壁释迦传

图37.第3窟主像

图38.第3窟主像头部正面

图39.第3窟主像头部侧面

图40.第3窟主像（俯拍）

图41.第3窟胁侍观音菩萨

图42.第3窟胁侍大势至菩萨

图43.第3窟胁侍大势至菩萨细部

图44.第3窟石壁

图45.第4窟内景（其一）

图46.第4窟内景（其二）

图47.第5窟（阿弥陀佛洞）前殿

图48.第5窟主像

图49.第5窟东南角

图50.第5窟南壁东侧

图51.第5窟南壁西侧

图52.第5窟西壁（其一）

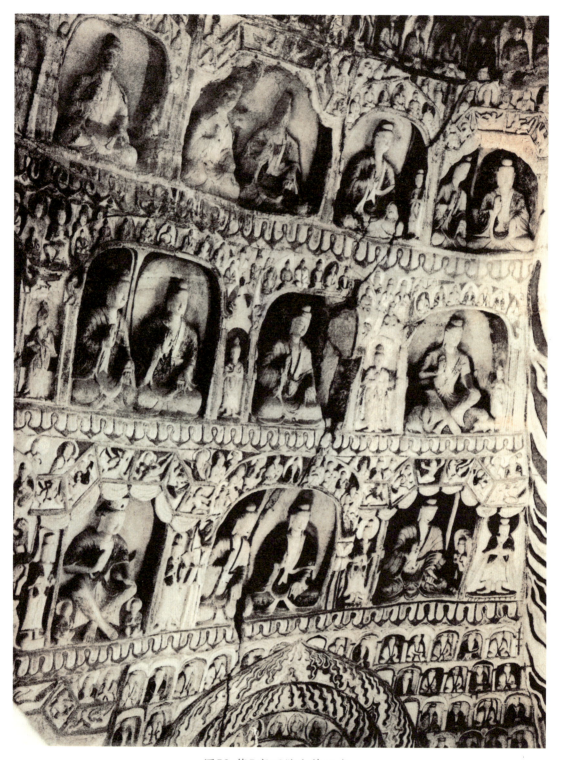

图53.第5窟西壁（其二）

图54.第5窟明窗东侧拱壁

图55.第5窟明窗西侧拱壁

第三章

第6窟 — 第10窟

图56.第6窟（释迦佛洞）前殿

图57.第6窟南面主像

图58.第6窟南面主像东侧诸佛

图59.第6窟南面主像西侧诸佛

图60.第6窟南面主像西侧上段诸佛

图61.第6窟中心塔柱东面主像

图62.第6窟中心塔柱东面主像北侧诸佛

图63.第6窟北面主像

图64.第6窟北面主像西侧上段诸佛

图65.第6窟北面主像东侧上段诸佛

图66.第6窟西面主像

图67.第6窟窟门上方

图68.第6窟南壁

图69.第6窟东南角

图70.第6窟东壁

图71.第6窟北壁局部

图72.第6窟西壁局部

图73.第6窟东壁释迦传（其一）

图74.第6窟东壁释迦传（其二）

图75.第6窟东壁释迦传（其三）

图76.第6窟东壁释迦传（其四）

图77.第6窟东壁释迦传（其五）

图78.第6窟东壁释迦传（其六）

图79.第6窟东壁释迦传（其七）

图80.第6窟东壁释迦传（其八）

图81.第6窟东壁释迦传（其九）

图82.第6窟东壁释迦传（其十）

图83.第6窟东壁释迦传（其十一）

图84. 第6窟明窗东侧拱壁

图85.第6窟明窗西侧拱壁

图86.第6窟明窗西侧拱壁细部（面部修复层剥离之后）

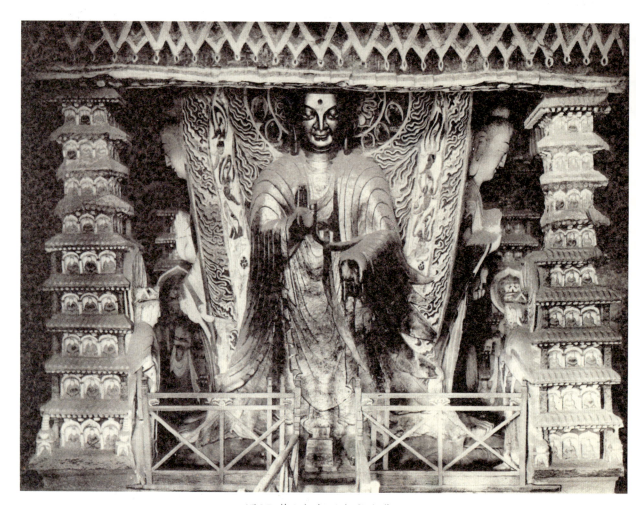

图87.第6窟南面上段主像

图88.第6窟内部上方

图89.第6窟东壁上方

图90.第7窟前殿，窟檐下置有"西来第一山"匾额

图91.第7窟窟门弧拱

图92.第7窟窟门上部

图93.第7窟明窗东侧拱壁

图94.第7窟东壁上部

图95.第7窟南壁

图96.第7窟南壁上部

图97.第7窟西壁及藻井

图98.第7窟北壁上部

图99.第7窟外室东壁

图100.第8窟（佛籁洞）窟门东侧拱壁

图101.第8窟窟门西侧拱壁

图102.第8窟窟门上部

图103.第8窟南壁

图104.第8窟东壁

图105.第8窟藻井

图106.第9窟外室东北角

图107.第9窟外室西壁

图108.第9窟内室门

图109.第9窟外室藻井

图110.第9窟内室明窗

图111.第9窟内室明窗东侧拱壁

图112.第9窟内室明窗西侧拱壁

图113.第10窟外室东壁

图114.第10窟外室北壁

图115.第10窟内室明窗

图116.第10窟内室明窗西侧拱壁

第四章

第11窟 — 第15窟

图117.第11窟内室门（其一）

图118.第11窟内室门（其二）

图119.第11窟外壁的佛龛及造像

图120.佛龛a（其一）

图121.佛龛a（其二）

图122.佛龛b、c

图123.佛龛d、e

图124.佛龛f（其一）

图125.佛龛f（其二）

图126.第11窟东壁

图127.第11窟东壁细部

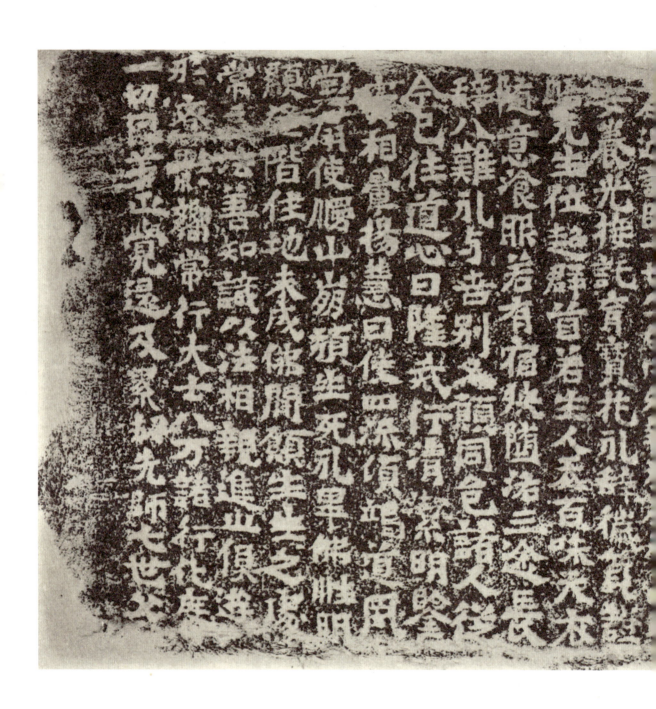

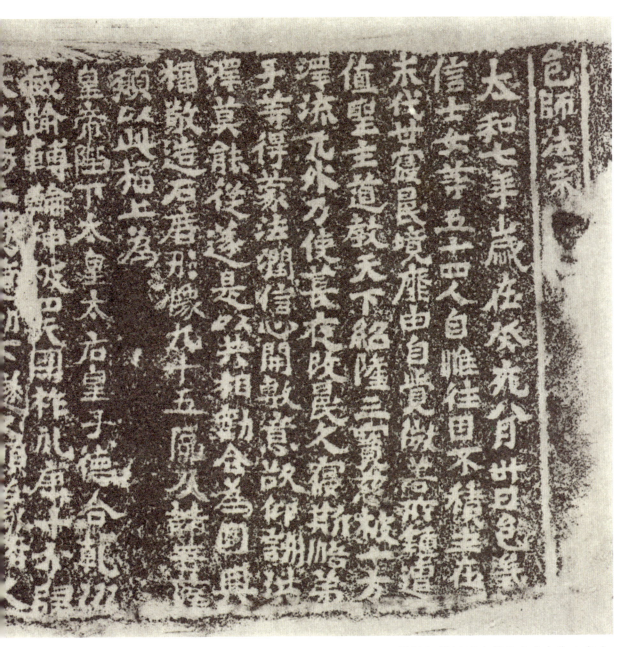

图128.第11窟东壁铭文（太和七年）

图129.第11窟西壁

图130.第12窟外室东壁

图131.第12窟外室东壁
细部

图132.第12窟外室西壁

图133.第12窟外室藻井（其一）

图134.第12窟外室藻井（其二）

图135.第12窟外室藻井（其三）

图136.第12窟内室门

图137.第12窟内室明窗

图138.第13窟窟门上部

图139.第13窟东壁

图140.第13窟东壁细部

图141.第14窟窟门

图142.第14窟佛柱

图143.第14窟西壁

图144.第15窟（万佛洞）西壁

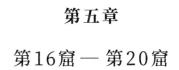

第五章

第16窟 — 第20窟

图145.第16窟内景

图146.第16窟周壁佛龛

图147.第16窟周壁佛龛造像细部

图148.第17窟窟口东侧拱壁

图149.第17窟内景

图150.第17窟东面胁侍

图151.第17窟西面胁侍

图152.第18窟主像

图153.第18窟东面胁侍

图154.第18窟内景

图155.第18窟西面胁侍

图156.第18窟明窗东侧

图157.第19窟窟口东侧拱壁

图158. 第19窟窟口西侧拱壁

图159.第19窟东面胁侍

图160.第19窟窟口东侧拱壁

图161. 第19窟内景

图162.19窟西侧胁侍

图163.第19窟主像基座浮雕

图164.第19窟胁侍

图165.第19窟东壁

图166.第19窟北壁（其一）

图167.第19窟北壁（其二）

图168.第20窟主像与胁侍

图169.第20窟主像

图170.第20窟主像正面细部

图171.第20窟主像东侧细部

图172.第20窟主像西侧细部

图173.第20窟主像胸部

图174.第20窟主像背光（其一）

图175.第20窟主像背光（其二）

图176.第20窟主像背光（其三）

图177.第20窟胁侍

图178.第20窟胁侍正面细部

图179.第20窟胁侍右侧细部

第六章

西部窟群

图180.第21窟东壁

图181. 第23窟 西壁

图182.第24窟西壁

图183.第24窟附近小窟内景

图184.第26窟西壁

图185.第26窟附近小窟内景

图186.第27窟东壁

图187.第29窟东壁

图188. 第30窟西壁

图189. 第33窟内景

图190.第34窟内景

图191.第39窟（塔窑洞）外景

图192.第39窟窟口

图193.第39窟窟口东侧拱壁

图194.第39窟窟口西侧拱壁

图195.第39窟塔柱

图196.第39窟东壁

图197.第39窟东南角

图198.第39窟西南角

图199.第39窟藻井

图200. 第40、41窟

本书主编

赵省伟，"东洋镜""西洋镜""遗失在西方的中国史"系列丛书主编。厦门大学历史系毕业，自2011年起专注于中国历史影像的收藏和出版，藏有海量中国主题的日本、法国、德国报纸和书籍。

本书作者

新海竹太郎（1868—1927），日本雕塑家，1900年留学德国，师从柏林美术学校雕塑系教授赫尔德。1904年，太平洋绘画协会研究所成立，新海竹太郎任雕塑系主任，培养了许多年轻的艺术家。

中川忠顺（1873—1928），日本画家，曾任东京帝国大学美术史讲师，1921年初夏与雕塑家新海竹太郎经朝鲜来华游历，主要目的是考察云冈石窟。

本书摄影

山本明（？—1970），日本著名摄影师山本赞七郎长子，1916年接手山本照相馆，为拍摄云冈石窟和龙门石窟曾多次远赴山西、河南等地，留下大量珍贵影像，1930年回到日本。

内容简介

1916年，山本明带领团队前往云冈石窟和龙门石窟考察，本着科学严谨的态度，按照石窟编号，逐一、全面地进行拍摄记录。新海竹太郎与中川忠顺对其摄影作品进行编选并出版了此书。本书首版于1921年，为该次摄影的精华之一，作者甄选了其在华期间所拍摄的云冈石窟相关照片共计200余幅，为云冈石窟的研究提供了重要的资料。

本系列已出版书籍

第一辑　《东洋镜：中国雕塑史》（全三册）

第二辑　《东洋镜：中国美术史》

第三辑　《东洋镜：中国建筑》（上下册）

第四辑　《东洋镜：晚清杂观》

第五辑　《东洋镜：嵩山少林寺旧影》

第六辑　《东洋镜：京华旧影》

第七辑　《东洋镜：考古学上所见辽之文化图谱》

第八辑　《东洋镜：沈阳宫殿建筑图集》

第九辑　《东洋镜：中国工艺美术图鉴》（上下册）

第十辑　《东洋镜：天龙山石窟艺术》

第十一辑《东洋镜：云冈石窟》